DÉCRETS DU 22 JANVIER.

BIENS

DE LA

MAISON D'ORLÉANS.

SEULE QUESTION :

LE 7 AOUT 1830, UNE LOI EN VIGUEUR ORDONNAIT-ELLE
LA RÉUNION, A L'ÉTAT, DES BIENS DONNÉS ?

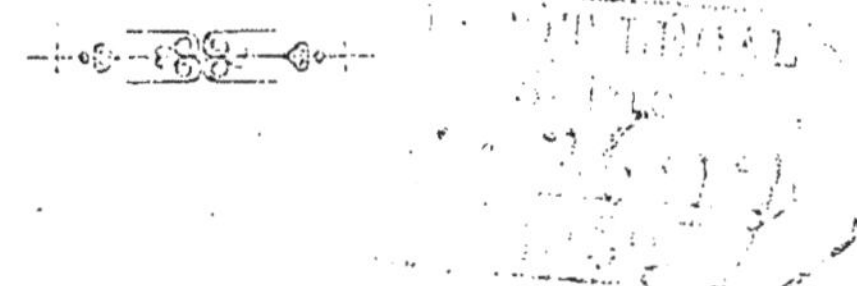

PARIS,

IMPRIMÉ PAR HENRI ET CHARLES NOBLET,

RUE SAINT-DOMINIQUE, 56.

1852

Le Mandataire des Princes de la Maison d'Orléans, au moment où la question de propriété que soulèvent les décrets du 22 janvier est déférée aux tribunaux, croit devoir appeler l'attention des juges, et celle de tous les hommes impartiaux, sur un côté de cette question qui, jusqu'à présent peut-être, n'avait pas été suffisamment mis en lumière. Il se persuade qu'après la lecture du remarquable travail de M. Le Berquier, lequel, d'ailleurs, consiste principalement dans la reproduction de documents officiels encore inédits, il n'y aura plus aucun doute dans l'esprit des magistrats, ni dans celui du Gouvernement lui-même, ni enfin dans l'opinion publique, sur le point le plus important de la discussion, à savoir : qu'au 7 août 1830, il n'existait ni un principe général et permanent, ni une loi spéciale et positive, en vertu desquels les biens appartenant au duc d'Orléans aient dû être alors dévolus à l'État.

Ed. BOCHER.

Paris, le 15 avril 1852.

NOTA. L'affaire est indiquée pour être plaidée, au 16 avril 1852.

Avocats plaidants, MM. PAILLET et BERRYER.

SEULE QUESTION :

LE 7 AOÛT 1830, UNE LOI EN VIGUEUR ORDONNAIT-ELLE LA RÉUNION, A L'ÉTAT, DES BIENS DONNÉS ?

Les défenseurs du décret du 22 janvier ont cherché d'abord à attaquer l'origine des biens de la famille d'Orléans.

Mais cette origine a été placée au-dessus de toutes les attaques, et dégagée de tous les doutes.

Pourquoi, d'ailleurs, ces attaques rétrospectives ?

Soutient-on que ces biens n'ont point appartenu à la famille d'Orléans, et dès lors qu'il est juste de les lui enlever ? Non ; et le décret que l'on défend reconnaît lui-même la légitimité de l'origine que l'on attaque.

On soutient seulement que les biens dont il s'agit ont cessé d'appartenir à la famille d'Orléans, par le fait même de l'avènement au trône du chef de cette famille.

Il n'y a, il ne peut donc y avoir entre les défenseurs du décret et ceux des droits de la famille d'Orléans, qu'une seule question à débattre, et cette question, la voici :

« Le 7 août 1830, jour de la donation attaquée, existait-il un texte de loi en vigueur qui prescrivît la dévolution à l'État des biens du prince qui allait monter sur le trône ? »

Oui, répondent les défenseurs du décret ; et ils s'appuient, ainsi que le décret, sur d'anciens édits, sur les lois de 1790, et sur une loi de 1814.

Il y a bien un sénatus-consulte de 1810, qui, à lui seul, renverserait toute cette doctrine ; mais les défenseurs du décret n'en parlent pas !

Si donc il est établi, contrairement à cette assertion, que les anciens édits sur la dévolution ont été abolis avec la féodalité; qu'à partir de ce moment, le principe de la dévolution, d'ailleurs profondément modifié, a dû être formellement stipulé dans la Constitution de chaque règne ; que chaque gouvernement, en réglant la liste civile, a stipulé à cet égard ce qu'il a entendu, sans se croire assujetti, ni à l'antique loi féodale, ni à ce qui avait été réglé par le gouvernement antérieur; qu'ainsi, Napoléon ne s'est point soumis aux règles de la Constitution de 1791 ; que Louis XVIII a adopté d'autres règles que Napoléon; et qu'enfin, le 7 août 1830, il n'existait aucune loi en vigueur sur cette matière qui prescrivît la dévolution à l'État des biens du prince appelé au trône ; si, disons-nous, ces vérités ressortent clairement de documents *précis, officiels, irrécusables*, la seule question qu'il y ait à décider sera péremptoirement résolue en faveur de la famille d'Orléans.

Ces documents trouveront leur place dans les développements qui vont suivre :

§ 1er. — *Que les lois et édits de l'ancienne monarchie ont été abolis avec la féodalité.*

On invoque d'abord, contre la donation du 7 août, l'ancienne législation, et l'on cite un édit de Henri IV et des opinions de jurisconsultes du temps.

Napoléon, qui n'aimait pas qu'on fouillât dans une législation que nos révolutions ont détruite, disait :«qu'avec quelques vieux édits de Chilpéric ou de Pharamond, déterrés au besoin, il n'était personne qui pût se dire à l'abri d'être dûment et légalement pendu » (1).

Au moins, la famille d'Orléans n'a-t-elle à redouter pour ses biens aucune conséquence légale de l'ancienne législation, car cette législation est tombée, tombée sans retour avec la féodalité.

Quelle était, en effet, l'économie de ces anciens édits, que l'on voudrait appliquer en 1852? Il est curieux de la rappeler.

Gilbert, que l'on a déjà cité, l'expliquait en ces termes : « La personne du roi est tellement consacrée à l'État, qu'elle s'identifie en quelque sorte avec l'État lui-même, et, *comme tout ce qui appartient à l'État est censé appartenir au roi*, tout ce qui appartient au roi est réciproquement censé appartenir à l'État. »

Delaguesle ajoutait : « Par le saint et politique mariage entre nos rois et la Couronne, les seigneuries qui leur appartiennent particulièrement, sont censées, par le même moyen, appartenir au royaume ; le domaine public attire le domaine particulier, en sorte qu'il se fait *un mélange indissoluble du tout en tout.* »

Et cela faisait dire à Enjubault lui-même, en parlant de cette réunion des biens du prince régnant au domaine de la Couronne : « La réunion n'est point fondée sur une loi particulière ; elle avait lieu avant l'ordonnance de 1566 ; *c'est une émanation, une suite naturelle de nos lois féodales,* en vertu desquelles le fief dominant est réuni de plein droit au fief servant, lorsque l'un et l'autre *se trouvent appartenir au même propriétaire* » (2).

Ainsi, toute la théorie des anciens édits reposait sur cette idée, que ce qui appartenait à l'État *était censé appartenir au roi;* qu'il s'établissait entre le domaine public et le domaine privé

(1) Mémorial de Sainte-Hélène.
(2) Rapport à l'Assemblée Constituante.

du prince un *mélange indissoluble*, et que l'un et l'autre se trouvaient réunis comme le fief dominant et le fief servant, dans la main *du même propriétaire* !

Or, que se passa-t-il dès les premiers moments de la révolution ? D'une part, le domaine de l'État fut retiré des mains du roi, et, pour éviter toute confusion entre ce domaine et ce qui touchait plus particulièrement au roi lui-même, il fut créé une *liste civile;* d'autre part, la féodalité fut abolie.

Que devenait donc, à partir de ce moment, la loi fondamentale de l'ancienne monarchie, cette loi féodale qui confondait les deniers du prince avec ceux de l'État? Elle était frappée de mort, car elle n'avait plus de raison d'être.. C'est ce qu'Enjubault, parlant au nom du comité des domaines, déclarait en ces termes : « L'abolition du système féodal, disait-il, obligera l'Assemblée Nationale de consacrer cette réunion, pour l'avenir, *par un décret formel* (1). »

Que veut-on prouver dès lors avec les édits de Henri IV? qu'ils sont encore en vigueur de nos jours? Mais l'Assemblée Nationale les a abolis avec la féodalité! Qu'ils peuvent du moins servir d'exemple? Mais, tout insignifiant que soit un exemple historique quand il s'agit d'appliquer une loi, un exemple n'a de valeur qu'autant qu'il est emprunté et appliqué à des faits d'un même ordre. Aujourd'hui, le domaine de l'État est-il censé appartenir au roi? Henri IV avait-il une liste civile?

§ 2. — *Pourquoi et comment fut consacrée la dévolution par l'Assemblée Constituante.*

La féodalité avait été abolie le 4 août 1789; c'est le **13** novembre de la même année qu'Enjubault signalait les conséquences que cette abolition avait eues pour le principe de la

(1) Rapport à l'Assemblée Constituante, du 13 novembre 1789.

dévolution. Depuis trois mois, ce principe de l'ancienne monarchie n'existait donc plus dans nos lois. Pour obliger, dans l'avenir, le prince régnant à la dévolution, il fallait un *décret formel*. Première conséquence du nouvel ordre de choses, car on a vu que, sous l'ancienne monarchie, le principe avait été appliqué en vertu du droit féodal pur, avant d'être écrit dans aucune loi !

Lorsque le comité des domaines voulut décréter la vente des domaines de l'État, il rencontra les biens du roi parmi ces domaines.

Il se posa donc cette question : «Le roi de France peut-il avoir un domaine privé distinct du domaine de la Couronne? » (1)

La question revenait d'abord à celle-ci : Les biens que possédait Louis XVI, à son avènement au trône, doivent-ils être compris dans la vente des biens de l'État?

Oui, répondit le comité. Et cela était juste, car Louis XVI était monté sur le trône sous la loi féodale. La dévolution s'était alors opérée de plein droit. A son égard, il y avait, pour ainsi dire, chose jugée. La dévolution fut donc consacrée pour le passé.

Restait l'avenir; et, en présence de nouvelles institutions, il appartenait à l'Assemblée Constituante de changer la loi de l'ancienne monarchie. Sous l'ancienne monarchie, si le Roi avait pu parfois disposer de biens qui lui provenaient de *donation* ou de *succession*, il lui avait toujours été interdit de disposer *d'acquisitions* par lui faites à *titre particulier*. Par cette porte eussent pu s'écouler les trésors de l'État! L'Assemblée constituante se demanda donc si Louis XVI pourrait disposer des biens acquis pendant son règne; et, entraînée par la force des choses, cédant malgré elle à la distinction qui séparait le nouveau gouvernement de l'ancien, elle répondit qu'il pourrait en disposer. « Votre comité, dit Enjubault, plein de respect pour le grand principe de l'union domaniale, n'a cepen-

(1) Rapport d'Enjubault.

dant cru devoir le consacrer qu'avec une exception que la rigueur de la loi semble réprouver; mais *il a cédé à l'empire des circonstances*. Il a pensé que si un monarque, dispensateur absolu des deniers publics, était dans l'impossibilité d'acquérir pour lui-même, *l'admission de la liste civile pouvait aujourd'hui faire fléchir le principe*, et suspendre momentanément l'effet de la réunion. Il a même cru qu'un *monarque économe* pourrait user de cette faculté à l'avantage de ses puînés, que la loi prive aujourd'hui de toute possession foncière » (1).

En conséquence, il fut permis au Roi, pendant son règne, de disposer des acquisitions par lui faites à titre particulier (2).

Mais déjà n'était-ce pas là, nous le demandons, la consécration la plus manifeste d'un *domaine privé* distinct du domaine de l'État ? N'était-ce pas là la conséquence rationnelle du nouveau système de la liste civile ? N'était ce pas aussi la plus large brèche qui pût être faite à la loi fondamentale de l'ancienne monarchie ? Comment ! il y aura désormais pour le prince régnant une caisse particulière, des biens particuliers, quand jusqu'alors ses finances et ses biens s'étaient confondus de droit avec ceux de l'État (3)? Comment ! nous verrons sur le trône de France un *monarque économe* qui pourra songer à l'avenir de ses enfants ? Quelle est donc cette monarchie, sous laquelle le Roi pourra donner libre essor à ses sentiments paternels, et, à l'exemple du plus obscur bourgeois, fera des économies pour l'établissement des siens? Quel est donc ce genre de royauté ?

Cette monarchie, c'est la monarchie moderne, que l'on veut confondre avec l'ancienne monarchie; c'est la monarchie des

(1) Procès-verbaux de l'Assemblée Nationale, tom. 35.

(2) Constitution de 1791, chap. 2, sect 1, art. 9.

(3) A tant d'autres témoignages sur ce point, on peut ajouter celui de Lefebvre de la Planche : « Toute distinction, dit-il, entre le domaine public et le domaine privé, est inconnue aujourd'hui. On ne fait aucune différence entre le domaine qui appartient au public et celui qui appartient au roi. »

constitutions ; ce genre de royauté, c'est celui que permet la liste civile, nouveau principe *qui a fait fléchir* l'ancienne loi fondamentale de la dévolution , qui a enlevé au monarque les biens de l'État et finira un jour par lui rendre les siens, sans danger pour la fortune publique.

Nous sommes donc bien loin déjà *du mariage saint et politique* d'autrefois, de cette confusion indissoluble des biens du monarque et des biens de l'État, de cette réunion du fief dominant et du fief servant dans les mains du même propriétaire! Laissez passer Louis XVI, qui avait encore un pied dans la féodalité, et vous verrez se développer ce germe du domaine privé, déposé avec le principe de la liste civile dans les constitutions modernes. En cette matière, il n'avait pas été donné à l'Assemblée Constituante de faire table rase et de séparer complètement le présent du passé. L'on ne saurait oublier la situation qui lui était faite, et que, à l'origine de ses séances, Mirabeau caractérisait ainsi : « Nous avons , avait-il dit , un gouvernement préexistant , un roi préexistant, des préjugés préexistants. Il faut , autant qu'il est possible , assortir toutes ces choses à la révolution, et sauver la soudaineté du passage (1). »

Si donc, en présence de la famille régnante, l'Assemblée Constituante avait dû admettre la dévolution, au moins ne l'avait-elle consacrée qu'en la modifiant profondément et en portant la plus grave atteinte à son principe même, à son principe qui, avec les nouvelles institutions, avait cessé d'être la loi fondamentale de la monarchie.

§ 3. — *Que le principe de la dévolution consacré par l'Assemblée Constituante, n'a pas survécu à la constitution de 1791.*

D'où procéda dès lors le principe de la dévolution ? d'une loi

(1) Séance du 18 septembre 1789.

formelle, ainsi que l'avait annoncé Enjubault. Et quelle fut cette loi? la Constitution de 1791, contenant les stipulations réciproques de la nation et de la famille régnante.

Cependant, le décret du 22 janvier et les défenseurs de ce décret ont cherché le principe de la dévolution dans les lois du 9 mai et du 22 novembre 1790.

Quelles sont donc ces deux lois? Sont-elles distinctes de la Constitution de 1791, et posèrent-elles la règle de la dévolution d'une manière absolue, et en dehors de la constitution, non pas seulement pour la famille régnante alors, mais pour tous les temps, pour tous les règnes, pour toutes les monarchies?

Nous pourrions nous borner à cette simple observation, que l'Assemblée Constituante n'avait pas le droit d'enchaîner l'avenir, et que les monarchies n'ont aujourd'hui d'autres lois fondamentales que celles qui sont formulées dans les constitutions acceptées par elles et par la nation. Mais il faudrait ignorer bien profondément ce qui eut lieu à l'occasion de ces lois, pour leur attribuer une aussi étrange portée; le rappeler, c'est démontrer en même temps qu'en citant ces lois, au lieu de citer la Constitution de 1791, les rédacteurs du décret du 22 janvier ont commis une erreur matérielle.

Comment donc fut décrétée la Constitution? On sait qu'elle fut décrétée par lambeaux. L'Assemblée Constituante fit autant de décrets, pour la justice, pour les finances, pour l'administration; et ces décrets, à raison des circonstances, furent immédiatement exécutés. On avait tout aboli dans la nuit du 4 août; il fallait tout reconstituer, et le service public, les intérêts de l'Etat comme ceux des particuliers, ne pouvaient attendre qu'un corps de lois complet fût arrêté par l'Assemblée. Les finances, surtout, avaient exigé de promptes mesures; on touchait à la banqueroute, il fallait vendre les biens de l'Etat. Dans ces biens, nous l'avons dit, se trouvèrent ceux de la famille régnante. Il fallut décider si ces biens étaient réunis à ceux de l'État, et s'ils pouvaient être vendus avec eux. C'est ce que fit la loi du 9 mai 1790, en appliquant à Louis XVI le principe de la dévolution. — Plus tard, il fallut définir le domaine de la nation et régler le mode d'aliénation de ce domaine; c'est ce que fit la loi du 22 novembre 1790, qui attribua à la nation les biens particuliers du prince, dévolus jusque-là au domaine de la couronne.

Au bout de deux années, la tâche de l'Assemblée Constituante fut accomplie; elle avait tout réglé par ses décrets, et reconstitué les grands pouvoirs de l'État. Mais où était la Constitution proprement dite? Elle était disséminée dans des lois nombreuses et diverses. Que fit l'Assemblée Constituante pour couronner son œuvre? Elle fit rechercher, et classer dans un ordre méthodique, tous les décrets qui étaient véritablement constitutionnels, pour en former le texte de la *Constitution* qu'elle avait promis de donner à la France par le serment du *Jeu de Paume*. Deux comités furent chargés de ce travail. Leur rapporteur, Thouret, le soumit à l'Assemblée : « La mission, dit-il, dont vous avez chargé vos comités était bornée à trier et à réunir ceux de vos décrets qui sont *essentiellement constitutionnels*; ce n'est donc pas du fond même de ces décrets que j'ai à vous entretenir, mais seulement du plan que vos comités ont adopté, et des considérations qui ont servi de règle générale pour discerner les *décrets vraiment constitutionnels* de ceux qui ne le sont pas (1). »

Et lorsque Louis XVI fut appelé à jurer la Constitution, il promit par son serment de « maintenir la Constitution décrétée par l'Assemblée nationale, aux années 1789, 1790 et 1791 (2). »

Or, parmi les dispositions constitutionnelles dont s'étaient emparés les deux comités, se trouvèrent naturellement celles

(1) *Moniteur* du 9 août 1791.
(2, Constitution, chap. 2, sect. 1, art. 4.

des lois des 9 mai et 22 novembre 1790, sur la dévolution des biens du prince et sur les droits de sa famille. Ces dispositions composèrent dés lors l'art. 9 du titre *De la royauté* et l'art. 8 du titre *De la famille du Roi.*

Le premier de ces articles était ainsi conçu : « Les biens particuliers que le Roi possède à son avènement au trône sont réunis irrévocablement au domaine de la nation : il a la disposition de ceux qu'il acquiert à titre singulier ; s'il n'en a pas disposé, ils sont pareillement réunis à la fin du règne. »

La Constitution, arrêtée dans ces termes par l'Assemblée nationale le 3 septembre 1791, fut *acceptée* par le Roi le 13 du même mois, et *jurée* par lui le 14. « J'ai examiné attentivement l'acte constitutionnel que vous avez présenté à mon acceptation, dit le Roi : *je l'accepte* et le ferai exécuter (1). »

Nous répétons maintenant notre question : D'où procéda la dévolution décrétée par l'Assemblée Constituante? des deux lois que citent les défenseurs du décret, ou de la Constitution acceptée par Louis XVI? Evidemment, elle n'eut d'autre base que la Constitution de 1791, dans laquelle les deux dispositions constitutionnelles de ces lois étaient venues se confondre.

Et d'ailleurs, qu'étaient elles-même ces lois ? des lois constitutionnelles, votées et exécutées comme telles avant même la révision de la Constitution.

Par conséquent, demander si ces lois ont posé des règles générales et absolues, pour tous les temps, pour tous les règnes, pour tous les rois, c'est demander si la Constitution était elle-même une règle générale et absolue.

L'Assemblée Constituante avait-elle donc la prétention de déposer dans son œuvre des règles immuables, devant survivre à cette Constitution qui réglait, d'un côté, les droits de la nation, de l'autre, l'état *politique et civil* du Roi et de sa famille, selon l'expression de Thouret? Non, son orgueil ne s'est pas

(1) Message du roi à l'Assemblée Nationale.

élevé jusque-là. « Les droits des nations, avait dit Frochot,
« ont été proclamés en vain, si l'on ne reconnaît pas ce prin-
« cipe, qu'au peuple appartient le pouvoir de rectifier, de mo-
« difier sa Constitution, de la détruire même, de changer la
« forme de son gouvernement et d'en créer un autre... L'ave-
« nir ne vous appartient pas; un jour peut-être il changera vos
« lois. (1) »

Ce jour n'était pas éloigné. Le 22 septembre 1792, la royauté
était abolie par la Convention ; avec elle tombait la Constitution de 1791, et, avec la Constitution, le principe de la dévolution consacré par l'Assemblée Constituante pour Louis XVI, et
accepté par lui.

On comprend donc bien que les défenseurs du décret du 22
janvier cherchent un appui en dehors de la Constitution de
1791, dont ils ne parlent pas. Mais, loin de survivre à la Constitution, les lois qu'ils invoquent avaient elles-mêmes cessé
d'exister le jour où la Constitution, qui en reproduisait littérale-
ment les termes, avait été sanctionnée par l'acceptation du Roi.

Nous disons que le principe de la dévolution était frappé de
mort avec la Constitution même qui le stipulait, et, à cet égard,
un doute subsistât-il qu'il s'évanouirait devant les imposants
témoignages que nous allons emprunter aux gouvernements
monarchiques qui, plus tard, se sont succédé en France.

Napoléon a répudié la dévolution; Louis XVIII l'a acceptée
(on verra pourquoi). Mais l'un ou l'autre a-t-il imaginé que le
principe de la dévolution consacré par l'Assemblée Constituante
atteignît ses biens personnels au jour de l'avènement? En aucune façon. Dans la dévolution, l'un et l'autre n'ont vu qu'une
condition que l'on pouvait débattre, et ils l'ont débattue, chacun au point de vue de ses préoccupations, de ses idées et de ses
intérêts.

Rappelons les faits.

____

(1) Séance du 31 août 1791.

§ 4. — *Que les biens personnels de Napoléon n'ont été dévolus ni de droit ni de fait à l'État. — Opinion de Napoléon sur la question même.*

Napoléon veut fonder une dynastie et rétablir la monarchie héréditaire.

Dans sa motion d'ordre au tribunat, Curée exposait ainsi l'origine de ce nouveau Gouvernement : « Nous avons été ramenés, dit-il, par la pente irrésistible des évènements, au point que le vœu national avait hautement marqué en 1789, et où nous avait laissés l'Assemblée Constituante elle-même ; mais pourtant avec cette différence essentielle, qu'au lieu que cette Assemblée, ou n'avait voulu, ou n'avait osé, en établissant un nouveau pacte social, changer la dynastie à qui elle en confiait l'exécution : ce-qui entraîna bientôt la ruine de son ouvrage; ici, au contraire, nous avons l'inappréciable avantage de trouver à la tête de la nation le chef auguste d'une famille propre à former le premier anneau de la *nouvelle dynastie,* et certes d'une dynastie qui sera dans le nouvel ordre de choses (1). »

Le sénatus-consulte organique du 28 floréal an xii posa les bases de la nouvelle monarchie héréditaire. Il disposa que la liste civile de Napoléon serait réglée comme elle l'avait été pour Louis XVI, par la loi du 26 mai 1791; mais il n'avait rien dit des biens personnels de Napoléon.

Par un décret postérieur et spécial, Napoléon voulut qu'on fît ce qu'on avait fait pour Louis XVI, ce que l'on a fait dans la suite pour tous les princes qui ont occupé le trône; il voulut qu'on réglât sa situation et celle de sa famille.

Un projet de sénatus-consulte fut préparé à cet effet par

(1) Séance extraordinaire du 10 floréal an xii.

Treilhard, Cambacérès, Daru, Regnaud de Saint-Jean-d'Angély.
Il contenait un titre tout entier sur le Domaine privé de Napoléon. L'article 43 de ce projet disposait en ces termes : « Les
biens qui forment le domaine privé de l'Empereur ne sont, en
aucun temps ni sous aucun prétexte, réunis de plein droit au
domaine de l'État. »

Le projet fut soumis au conseil d'État, où se retrouvaient
beaucoup d'anciens membres de l'Assemblée Constituante, et,
notamment, Defermon, Regnaud de Saint-Jean-d'Angély, qui
avaient travaillé à la Constitution de 1791. Il fut discuté d'abord dans une commission spéciale, ensuite au sein du conseil d'État en assemblée générale. S'éleva-t-il une voix, une
seule, pour demander l'application du principe de la dévolution des biens de Napoléon à l'Etat, soit en vertu des anciennes
lois féodales, soit en vertu de la Constitution de 1791 ? Non, et
ce furent les auteurs mêmes de ces lois de 1790 et de 1791
que l'on invoque aujourd'hui, qui gardèrent le silence!

Il y a plus. Veut-on savoir sous la sauvegarde de quelles
considérations fut placé ce règlement de la fortune du Prince ?
Le projet du sénatus-consulte porta jusqu'à sa dernière rédaction le préambule suivant :

« Considérant que l'acte des Constitutions du 28 floréal an
XII a seulement posé les bases de la législation relative à la dotation de la Couronne et à celle de la famille impériale; qu'il
laisse des lacunes à remplir dans ce qui concerne les apanages;
que la condition des biens acquis par l'Empereur à titre singulier n'est pas textuellement fixée;

« Considérant *qu'on ne peut ni suppléer à la législation actuelle, ni la compléter par le droit antérieur,* LE SEUL DROIT EN
VIGUEUR SUR CES MATIÈRES ÉTANT CELUI QUE LES CONSTITUTIONS
ONT ÉTABLI; que cependant il ne serait pas sans inconvénient
d'abandonner, pour l'avenir, à l'incertitude des interprétations des objets aussi importants, qui se lient aux droits de la
souveraineté; qu'il est, au contraire, indispensable de déter

miner avec précision, de développer et de compléter le système des lois qui doivent les régir invariablement, décrète ce qui suit (1). »

Si ce préambule n'a point été inséré au bulletin officiel, il ne révèle pas moins les principes généraux sur lesquels reposait le sénatus-consulte. Et quels étaient ces principes? C'est qu'on ne pouvait ni suppléer à l'acte des constitutions, ni le compléter par le droit antérieur; c'est que le seul droit en vigueur sur ces matières était celui que l'acte des constitutions avait établi; c'est que le silence de l'acte des constitutions n'autorisait point à rechercher des règles dans le passé; c'est que le passé n'offrait aucun principe absolu et fondamental sur ce point. Voilà ce que pensa le conseil d'Etat; voilà ce que pensait Napoléon lui-même. On n'ignore pas que le projet de sénatus-consulte fut longuement médité par lui, annoté et retouché de sa main.

Mais suivons ce projet au Sénat conservateur. Là, il est présenté, au nom du chef de l'État, par Regnaud de Saint-Jean-d'Angély, qui en expose l'économie en ces termes:

« Ce que la loi civile a fait pour tous les Français, la loi politique doit le faire pour la famille auguste appelée au trône par les vœux de la France.....C'est cette loi, qui est pour ainsi dire le code de la dynastie impériale, que nous vous apportons. Son auguste chef veut la fonder, comme sa monarchie, sur les institutions et sur les lois, autant que sur la gloire et sur la puissance.

« Il ne s'agissait pas seulement de régler définitivement la dotation de la Couronne, d'abord fixée par la loi de 1791, et *rétablie* par l'acte des Constitutions du 28 floréal. Le trône et le monarque ont encore d'autres biens *dont la législation n'est pas établie.....* Pour mieux assurer l'inaliénabilité du domaine de la couronne impériale, sa majesté a voulu le séparer

(1) Bulletins du conseil d'État, n° 1795.

de tous les autres biens qui appartiennent à d'autres titres à la couronne, ou *à la personne même du monarque*. »

Arrivant au domaine privé de l'Empereur, Regnaud de Saint-Jean-d'Angély prononça ces paroles :

« Souvent le monarque est satisfait, l'homme ne l'est pas, et *le souverain peut envier quelque chose à ses sujets*..................... Il jouira du domaine de la couronne, mais il n'en disposera pas ; il disposera du domaine extraordinaire, mais il n'en jouira pas. Usufruitier de ces biens à jamais substitués, dépositaire de ces trésors qu'il a le droit de distribuer, un *Empereur peut cependant regretter, pour lui ou pour sa famille, le plaisir attaché à la possession, à la disposition d'une propriété privée*. Et si ce sentiment, ou, si l'on veut, cette faiblesse, trouve accès dans le cœur du monarque, cette *loi serait-elle juste*, serait-elle *sage*, qui le placerait entre le sacrifice de ses goûts et le sacrifice de ses devoirs, qui l'obligerait à dissimuler un penchant que la nature aurait mis dans son cœur, qui le forcerait de descendre à des voies cachées pour le satisfaire ? Non, elle ne serait pas sage, elle ne serait pas juste, cette loi : elle accuserait ceux qui l'auraient conçue... d'avoir cru que le cœur des Rois ne peut ressembler au cœur de leurs sujets... Sa Majesté crée pour des siècles, elle prépare des lois pour une longue succession de princes, et elle n'a pas voulu, contrariant une disposition naturelle, exposer le dépositaire du pouvoir suprême à satisfaire en secret un penchant qui peut se rattacher aux plus légitimes, aux plus nobles, aux plus doux sentiments (1). »

Nous recommandons ces paroles du conseiller d'État délégué par l'Empereur au Sénat pour y exposer les motifs du sénatus-consulte qui fut la loi de l'Empire ; nous les recommandons aux méditations des défenseurs du décret du 22 janvier, qui ont écrit, à l'adresse du roi Louis-Philippe, ces

____

(1) Bulletins du Sénat, séance du 20 janvier 1810.

lignes dont on peut contester la convenance : « La proclama-
tion de déchéance a excité moins de colères et moins de larmes
que le décret de restitution (c'est le décret du 22 janvier). On
ferait croire en vérité que, pour certains cœurs, le domaine
privé était plus précieux que l'un des plus beaux trônes de
l'univers (1). »

Mais passons.

Le Sénat nomme aussitôt une commission chargée d'examiner le projet de sénatus-consulte et de décider s'il est ou
non conforme aux règles du droit, aux principes constitutionnels ; elle se compose de MM. Garnier, Abrial, Demeunier, La-
cépède, et Chasset. Au bout de vingt jours, la commission
rendit compte de son examen. Elle choisit pour rapporteur
M. Demeunier. Le choix était significatif, et les paroles de
M. Demeunier auront une valeur toute particulière, car il avait
été l'un des rapporteurs de la Constitution de 1791 !

Que les hommes impartiaux retiennent donc ces paroles du
rapporteur :

« Nos institutions monarchiques, dit-il, ne sont pas encore
complètes sur l'objet important soumis à votre délibération :
tout appelle une révision des principes suivis jusqu'à présent,
et des *dispositions neuves* dans des *circonstances tout-à-fait nouvelles*. La nécessité d'un code précis sur une matière liée de si
près aux plus grands intérêts de l'État nous a paru bien dé-
montrée.

« Lorsqu'en 1804 on rétablit la monarchie, le sénatus-consulte, quant aux moyens de pourvoir aux dépenses du trône
et du monarque, suivit mot à mot la loi du 26 mai 1791 ; et cependant, il faut bien en convenir, cette loi était anti-monar-
chique.—A l'époque de la révolution, la législation domaniale
était un chaos que personne n'avait jamais pu débrouiller ; elle
reposait sur des principes bizarres ou absurdes qui, en der-

(1) Réponse à la protestation.

nière analyse, menaient à cette conclusion : rien n'appartient à la nation, presque rien n'appartient aux communes, et tout ce qui n'est pas une propriété particulière ou une propriété de corporation, appartient au domaine du Roi. Ainsi, à proprement parler, il n'y avait point de domaine de l'État...L'Assemblée Constituante, en abolissant le régime et les droits féodaux, avait remédié à une grande partie du désordre, et il était facile de circonscrire le domaine de la Couronne dans de justes bornes; mais, entraînée par le mouvement de la révolution, elle oublia toutes les règles de la prudence et passa d'une extrémité à l'autre. Le domaine de la couronne semblait avoir tout envahi pour tout dissiper; dans la crainte des mêmes abus, elle ne voulut plus le reconnaître, et elle le transforma en domaine national...Ainsi, la couronne et le Roi n'eurent plus de domaine. »

Après avoir établi la nécessité de donner une dotation à la couronne, M. Demeunier aborda la question du domaine privé :

« Le projet, dit-il, *rétablit en faveur du monarque un domaine privé*, provenant soit de donations, soit de successions, soit d'acquisitions, le tout conformément aux règles du droit civil... Les biens immeubles et droits incorporels faisant partie du domaine privé de l'Empereur ne seront, en aucun temps ni sous aucun prétexte, réunis de plein droit au domaine de l'État.—Ici se présente un quatrième principe à examiner.

« Nos rois ont toujours eu spécifiquement un domaine privé. Par un édit de Henri IV, et après une longue opposition de la part de ce prince, en cas de mort la réunion de plein droit à la couronne fut établie ; il est vraisemblable que ses successeurs ont souvent éludé cette disposition sévère en dédommageant leurs familles : et ils en avaient les moyens faciles, car, revêtus d'un pouvoir absolu, ils disposaient du trésor public à peu près arbitrairement.

« La constitution de 1791 (1) réunit irrévocablement au domaine de l'Etat les biens particuliers que le Roi aurait possé-
dés à son avènement au trône; elle y réunit à la fin d'un règne
les biens acquis par le prince à titre singulier, toutefois seulement lorsqu'il n'en aurait pas disposé. Vous savez, Séna-
teurs, qu'elle ne voulut reconnaître d'autre domaine que celui de
l'État, *et les conséquences que, dans l'exagération de ses idées, elle
tira de ce principe fondamental, peuvent d'autant moins nous servir de guide*, que le projet de sénatus-consulte donne à la Couronne un domaine en toute propriété, dont l'Empereur sera
simple usufruitier, et établit même un domaine extraordinaire
absolument distingué de celui de l'État. »

Les défenseurs du décret du 22 janvier repoussent l'idée
du domaine privé avec dédain ; ce domaine n'aurait été imaginé, suivant eux, par le roi Louis-Philippe, que dans des *idées
de fraude ;* on trouve même cette regrettable expression dans
le préambule du décret du 22 janvier, qui invoque la loi de dévolution des anciens édits, et la déclare la « règle fondamentale de la monarchie. »

Seules, les paroles de M. Demeunier défendraient la mémoire du roi Louis-Philippe, et rétabliraient les vrais principes de la matière; elles étaient cependant prononcées pour la
défense et en l'honneur de Napoléon.

« Le rétablissement d'un domaine privé, dit-il, paraît com-
mandé par des raisons de justice et de politique. — La loi ne
doit jamais contrarier les sentiments naturels. Les institutions
qui contrarient les dispositions du cœur humain ne réussis-
sent jamais; celles qui, dans une monarchie, blessent secrète-
ment le cœur des rois, ne tardent pas à disparaître. Un monarque, simple usufruitier de la plus riche dotation attachée à sa couronne, regretterait presque toujours un domaine privé dont il

(1) On voit que M. Demeunier prend le principe de la dévolution *dans la
Constitution* elle-même, et non pas, comme le décret du 22 janvier, dans les lois
de 1790, que la Constitution avait reproduites et remplacées !

pût disposer au gré de ses affections. Si la justice et la morale permettaient de lui interdire un domaine privé, cette loi serait illusoire. Les Princes, dominés par des affections particulières, sauraient bien, pour les satisfaire, puiser dans le trésor public, ou même dénaturer le domaine de la couronne. — Qu'une dynastie commence ou qu'elle soit très-ancienne, le prince doit avoir à sa disposition les moyens d'ajouter à la splendeur de sa famille, et de créer par ses largesses ou ses bienfaits des appuis au trône. *Le rétablissement du domaine privé est donc un principe dans la monarchie.* »

Encore une fois, c'était l'un des auteurs de la Constitution de 1791 qui parlait ainsi, un de ceux qui y avaient inscrit le principe de la dévolution des biens. Qu'est devenu pour lui ce principe? Il ne le rappelle que pour dire qu'il n'est point un exemple à suivre et qu'il ne convient point à la nouvelle monarchie. Ce qui est, au contraire, selon lui, un principe aujourd'hui pour la monarchie, c'est *le rétablissement du domaine privé !*

Nous n'avons point à défendre le sénatus-consulte de 1810; mais comme les attaques dirigées contre la donation du 7 août et contre la conduite du roi Louis-Philippe retombent d'aplomb sur la doctrine de ce sénatus-consulte, permettons cependant à M. Demeunier de répondre, en citant la conclusion de son rapport :

« Ce projet, dit-il, règle avec sagesse plusieurs des grands intérêts de la monarchie... L'ensemble des dispositions complète notre législation domaniale. Le Code civil avait, en quatre articles, résolu un grand nombre de questions relatives au domaine public, mais il en restait beaucoup d'autres. — Le sénatus-consulte qui vous est proposé terminera ce qui concerne la nature et la transmission de toutes les espèces de propriétés. — Antérieurement à la révolution, cette partie de la législation était obscure et embrouillée ; celle-ci sera claire et nette. *Au lieu de mille arrêts du Conseil, édits ou ordonnances qui, d'après des principes étranges,* ont régi l'Etat sur ce point jusqu'à la fin de la troisième race, la France aura, dès les premières années de la quatrième dynastie, une législation domaniale simple, peu étendue, et cependant complète.

« *Dans l'ensemble des dispositions du sénatûs-consulte, on ne retrouve pas seulement les vastes idées, les vues profondes et les généreux sentiments de Sa Majesté;* ON Y RECONNAIT LES VRAIS PRINCIPES DE LA MONARCHIE TEMPÉRÉE.

« La commission propose, à l'unanimité, l'adoption du projet de sénatus-consulte (1). »

Et le Sénat conservateur déclara conforme à la Constitution et aux lois du pays le sénatus-consulte du 30 janvier 1810, qui consacrait le domaine privé de l'Empereur, d'après les considérations développées par les rapporteurs du conseil d'État et du Sénat.

En définitive, que résulte-t-il de ces irrécusables documents? que le principe de la Constitution de 1791 sur la dévolution fut une lettre morte pour l'Empire, aussi bien que les *principes étranges,* selon l'expression de M. Demeunier, tirés des arrêts du Conseil, des édits et des ordonnances de l'ancienne monarchie; que la dévolution des biens du prince est une condition qui a besoin d'être stipulée, soit dans la Constitution, soit dans une loi spéciale, et qu'on ne peut la décider en invoquant le droit antérieur; c'est que la consécration du domaine privé est fondée sur les principes de la monarchie tempérée. Et quels sont les garants de cette doctrine? C'est Napoléon, qui venge le roi Louis-Philippe des attaques dirigées contre le domaine privé; c'est le Sénat, composé pour une partie des anciens membres de l'Assemblée Constituante; c'est le conseil d'État; ce sont enfin les auteurs du Code civil, c'est-à-dire cet aréopage de législateurs dont la France peut citer les noms avec le plus d'orgueil!

(1) Bulletins du Sénat, séance du 20 janvier 1810.

Nous avons dit que les défenseurs du décret du 22 janvier étaient restés muets en présence de cette loi de l'Empire. Nous nous sommes trompé. « Que nous parle-t-on de l'Empire, a-t-on répondu, et de ce que ses lois autorisaient ! Qui aurait pu contester à l'Empereur la légitimité de son domaine privé ? Ce n'est pas le Trésor qui l'avait fourni, *c'était la conquête* (1). »

Jusqu'alors, c'est la seule observation que l'on ait hasardée sur ce point.

Voici notre réponse :

En fait, c'est là une offense involontaire et gratuite à la mémoire de Napoléon. De quel nom nos adversaires qualifieraient donc le prince qui aurait grossi son trésor des dépouilles des vaincus ? — En droit, c'est là une erreur matérielle. Le domaine de la conquête, c'était le domaine extraordinaire. L'Empereur devait en *disposer* et non pas en *jouir*, selon l'expression de Regnaud de Saint-Jean d'Angély. Quant au domaine privé, c'était celui qui était advenu à l'Empereur par acquisition, donation ou succession. C'est de celui-là qu'il s'agit. L'un et l'autre domaines étaient réglés chacun dans un titre particulier, par le sénatus-consulte de 1810.

Voilà ce qu'on devrait n'être pas obligé de rappeler aux défenseurs du décret du 22 janvier.

Passons maintenant à la Restauration.

§ 5. — *Qu'au jour de son avènement, les biens particuliers de Louis XVIII n'ont point été dévolus de plein droit au domaine de l'Etat.*

Le décret du 22 janvier prétend que les biens du roi Louis-Philippe ont été dévolus à l'État par le fait de l'avènement au trône, et il invoque l'exemple de la Restauration ; il cite en même temps la loi du 8 novembre 1814.

(1) Constitutionnel du 2 avril.

Ce à quoi les défenseurs du décret ajoutent : « Assuré-
ment, la monarchie reconstituée sur la tête de Louis XVIII,
après une interruption de plus de vingt ans, n'était plus la
monarchie de Louis XIV, et cependant le principe de la
dévolution n'en avait pas moins conservé toute sa force (1). »

Est-il donc vrai que le principe de la dévolution avait alors
conservé toute sa force, et qu'à l'égard des biens particuliers
de Louis XVIII, les anciennes lois, ou la constitution de
1791, ont reçu de plein droit leur application?

Une première réflexion détruirait cette double affirmation,
et la voici : les biens de Louis XVIII ont été si peu dévolus
de plein droit à l'État, au moment de son avènement au
trône, qu'il a été nécessaire de consacrer plus tard la dévolution par une loi spéciale.

Mais cette affirmation est encore démentie par les faits;
nous soutenons et nous allons prouver qu'alors ni le Gouvernement, ni les deux Chambres n'ont imaginé que les biens
de Louis XVIII eussent été frappés de la dévolution par les
lois antérieures.

L'article 23 de la Charte de 1814 disposait que : « la liste
civile serait fixée pour toute la durée du règne, par la première Législature assemblée depuis l'avènement du Roi. »

Mais la Charte, pas plus que le sénatus-consulte organique
du 28 floréal an XII, ne s'était expliquée sur le domaine privé
du Roi.

Dès lors, les biens du prince, d'après le système des défenseurs du décret du 22 janvier, étaient dévolus de droit à
l'État, en vertu des lois fondamentales de la monarchie.

Eh bien! la première législature est assemblée; elle se propose de régler la liste civile du Prince, et quelle est la première question qu'elle débat? Celle de savoir si le Prince doit
avoir ou non un domaine privé ! !...

(1) Réponse à la protestation.

De deux choses l'une, ou le décret du 22 janvier consacre une erreur évidente et manque de base, ou les députés de cette époque étaient de profonds ignorants, car voici ce qu'ils ont dit et ce qu'ils ont fait :

D'abord c'est M. Delhorme, ancien membre du Corps législatif, qui, s'appuyant sur l'article 23 de la Charte, demande qu'il soit statué par une loi sur les finances particulières du Prince : « Au milieu, dit-il, de cet heureux bouleversement du passé, *l'état du monarque, sous le rapport de ses finances particulières*, n'a point été fixé et ne pouvait l'être ; à vous seuls, Messieurs, appartenait *le droit de le déterminer* les premiers. Il est du devoir de la nation, il est, j'oserai le dire, de sa justice, d'achever ce que cette lacune nécessaire de la Charte laisse encore d'imparfait dans la restauration générale.—Nous aurons pour nous guider le *souvenir* de ce qui se fit en 1791, *en combinant néanmoins ce souvenir avec les différences que de grands évènements et vingt-trois années écoulées depuis lors, sont susceptibles de produire*. (1).»

Ainsi, dans la pensée de M. Delhorme, l'état du monarque, sous le rapport de ses finances particulières, n'était pas encore fixé, et le monarque était sur le trône depuis plus d'un mois! Et puis, qu'était-ce, pour ceux qui allaient fixer cet état, que la Constitution de 1791? un simple *souvenir* qui devait se combiner avec le nouvel ordre de choses et les différences introduites par les évènements!

Une commission est nommée pour examiner la proposition et pour préparer un projet de loi ; elle se compose de MM. Clausel de Coussergues, Faure, Jourdain, Flaugergues, Pervinquières, Gallois, Le Marchand de Gomicourt, Lalouette et Chabaud de Latour. En l'absence de M. Delhorme, auteur de la proposition, c'est M. Chabaud de Latour qui soumet à la Chambre le projet de loi arrêté par la commission. «Le premier

(1) Procès-verbaux de la Chambre des Députés, séance du 28 juin 1814.

« titre, dit le rapporteur, renferme tout ce qui est relatif à la
« liste civile et au domaine de la couronne ; le second traite
« *du domaine privé du Roi.* S'il jouit comme souverain du do-
« maine de la Couronne, comme tous les Français il peut hé-
« riter, acheter, vendre, contracter, enfin jouir de tous les
« droits civils ; ce titre *consacre ces droits et en règle l'exer-*
« *cice.* »

Et l'article 19 du projet était conçu en ces termes : « Les
« biens immeubles faisant partie du domaine privé ne sont,
« en aucun temps ni sous aucun prétexte, réunis de plein
« droit au domaine de l'État ; la réunion ne peut s'opérer que
« par la loi (1). »

Ce système parut trop large à un député, M. Rivière, qui
chercha à le restreindre dans un projet de loi qu'il soumit à la
commission. M. Rivière voulait bien que le Roi pût disposer de
son domaine privé, mais il demandait qu'il en disposât dans
les dix ans du jour où ce domaine lui serait advenu, faute de
quoi il serait réuni au domaine de la couronne (2).

Au nom de la commission centrale, M. Silvestre de Sacy
rendit compte de l'examen du projet de M. Rivière :

« On s'est demandé, dit-il, par quels motifs on pourrait jus-
tifier le système adopté par l'auteur du projet, système qui
assujétirait le Roi à disposer de ses domaines privés dans les
dix ans à compter du jour où il en serait devenu propriétaire ; — faute de quoi, comme aussi si le Roi venait à dé-
céder dans les dix ans sans avoir fait aucune disposition, ses
domaines privés seraient réunis de droit au domaine inalié-
nable de la couronne.

« Invoquerait-on les anciens principes en cette matière ? Ils
seraient, il est vrai, favorables à ce système ; mais ne serait-
ce pas tomber dans une erreur très-réelle que d'appliquer à la

(1) Procès-verbaux de la Chambre des Députés, séance du 28 juillet 1814.
(2) *Idem*, séance du 1er août 1814.

forme actuelle de notre gouvernement les principes qui régissaient les domaines, lorsque nos rois disposaient seuls de tous les revenus de l'État, sans que la nation intervînt pour rien dans l'emploi qui en était fait? Alors, sans une disposition telle que celle dont il s'agit, les revenus de l'État, les impôts mêmes auraient pu être détournés de leur vraie destination... Aujourd'hui, si le Roi achetait des domaines privés, ce ne serait qu'au moyen des économies qu'il aurait faites sur le revenu que l'État lui assigne, et dont la libre disposition lui est assurée.—Ces motifs paraissent avoir déterminé la première Commission qui a présenté à la Chambre un travail sur cet objet. Elle vous avait proposé un article ainsi conçu (voir plus haut), et qui se trouvait dans le sénatus-consulte du 30 janvier 1810. La commission vous propose de substituer cet article à celui que contient le projet de M. Rivière. »

Et, en effet, l'article de la première commission fut rétabli dans le projet (1).

Comment ! depuis deux mois que la Chambre s'occupait de cette question, il n'était venu à l'esprit d'aucun de ses membres que, suivant l'affirmation des défenseurs du décret du 22 janvier, « le principe de la dévolution avait conservé toute sa force ! »

Non, et l'on peut affirmer que le principe contraire eût été consacré comme le voulait la commission, sans les circonstances dont nous allons parler.

On sait que dans les vingt-trois années qu'il avait passées à l'étranger, Louis XVIII avait contracté des dettes dont le chiffre s'élevait à trente millions. Or, en même temps que la Chambre des Députés s'occupait de la liste civile et des biens particuliers du Roi, elle était saisie d'un projet de loi tendant à ce que les dettes du Roi fussent payées par l'État. Et sur quelles raisons s'appuyait cette demande? sur ce que l'Ét t, par les di-

---

(1) Procès-verbaux de la Chambre des Députés, séance du 20 août 1814.

vers changements de branche de nos Rois, s'était enrichi de leurs domaines, et de ceux-là surtout que tant d'alliances avaient attribués à la branche des Valois et à celle des Bourbons.

Il y avait une évidente contradiction entre les deux projets. Ou le Roi devait garder ses biens et payer les dettes qu'il avait contractées à l'étranger, ou il devait réunir ses biens à ceux de l'État et le charger d'acquitter ses dettes. Le Roi prit ce dernier parti.

C'est le 23 août 1814 que M. Sedillez présenta à la Chambre le rapport de la loi relative aux dettes du Roi. Dès le lendemain, M. Clausel de Coussergues proposa de supprimer du projet de loi sur la liste civile le titre qui consacrait le domaine privé du Prince, et il fit cette déclaration : « Je ne crois pas, dit-il, qu'il soit conforme, ni à la dignité de nos monarques, ni à leurs sentiments paternels pour leurs sujets, de distinguer leurs intérêts particuliers de ceux de leur couronne... Prenons nos exemples dans l'histoire de Henri IV. »—Et, après avoir rappelé l'édit de 1607 et l'ordonnance de Moulins, l'orateur ajouta : « Je vous proposerais donc, Messieurs, de substituer à tout le titre sur le domaine privé, ces deux articles qui sont le résumé de l'ordonnance de l'Hôpital et de l'édit de Henri IV (1). »

La Chambre des Députés, dont la commission s'était d'ailleurs concertée avec les Ministres du Roi, ne se méprit pas sur le caractère de la proposition qui lui était faite. Elle admit donc la dévolution à l'État des biens du Prince.

La loi, ainsi modifiée, fut présentée à l'agrément de Louis XVIII, qui l'accepta dans les termes où elle avait été arrêtée par la Chambre, sans vouloir y rien changer. M. de Blacas-Daulps, ministre de la maison du Roi, fut chargé de porter l'acceptation royale à la Chambre des députés, et là il s'exprima en ces termes :

(1) Procès-Verbaux de la Chambre des Députés, séance du 24 août 1814.

« Sa Majesté croit ne pouvoir mieux reconnaître la sagesse de vos vues qu'en *les adoptant sans réserve*, comme un gage solennel de l'union touchante et inaltérable qui subsiste entre Elle et vous (1). »

La loi fut promulguée à la date du 8 novembre 1814, avec cette déclaration pour préambule : « C'est avec la plus entière confiance que nous agréons la demande qui nous est faite par les deux Chambres de proposer sur cet objet une loi conforme aux vues que leur attachement à notre personne et à la majesté du trône leur a inspirées. A ces causes, nous avons proposé, les Chambres ont adopté, nous avons ordonné et ordonnons ce qui suit. »

Au moyen de ces propositions, de ces acceptations réciproques et formelles, le pacte fut conclu.

Quant à la loi qui mettait les trente millions dûs par le Roi à la charge de l'État, elle vint ensuite et ne souffrit aucune difficulté ; elle porte la date du 21 décembre 1814.

Voilà comment fut consacrée la dévolution des biens de Louis XVIII. En vertu de lois antérieures et préexistantes, ayant conservé toute leur force ? Non ; personne ne crut à l'existence de pareilles lois ; et cela est si vrai, que la commission de la Chambre, que la Chambre elle-même s'étaient d'abord prononcées pour la consécration du domaine privé ; cela est si vrai, que ceux-là même qui ont fait admettre la dévolution, dans des circonstances et pour des raisons spéciales, n'ont vu dans le passé que des souvenirs et des exemples ; ils ont invoqué ces souvenirs et ces exemples ; ils n'ont pas fait plus. Et dans quelle loi se trouvait écrit ce principe de la dévolution ? Dans une loi de liste civile, votée pour un règne, proposée à Louis XVIII et *acceptée* par lui, loi tirant sa seule force de la volonté et du consentement réciproques de la nation et du Roi.

(1) Procès-verbaux de la Chambre des Députés, séance du 26 octobre 1814.

C'est cette loi qu'on oppose au roi Louis-Philippe ! A ce compte, pourquoi ne pas lui opposer le sénatus-consulte de 1810 !

En succédant à Louis XVIII, Charles X déclara accepter et la Charte de 1814 et la loi du 8 novembre de la même année sur la liste civile et sur les biens du roi. Il ne demanda qu'une chose, c'est que l'on ajoutât à la dotation de la couronne les biens qu'avait acquis le feu roi et dont il n'avait pas disposé, ainsi que les écuries d'Artois, provenant des biens particuliers de Charles X lui-même.

Un projet de loi fut proposé aux Chambres par Charles X. Louis XVIII n'avait pas cru devoir, en pareille circonstance, user de son droit d'initiative ; il avait laissé les Chambres proposer un projet de loi et l'avait accepté. Ici les rôles sont renversés, mais le fond des choses est toujours le même. C'est Charles X qui propose, ce sont les Chambres qui vont accepter à leur tour sans réserve, et sans observer les formalités prescrites pour le vote des lois ordinaires. « La Commission, dit le rapporteur à la Chambre des Députés, a pensé qu'aucune des dispositions de ce projet de loi ne devait être changée. Il vous est présenté sans la formule ordinaire qui nomme des défenseurs à tous les projets de lois... Votre Commission croit que, par un sentiment des convenances, plus facile à saisir qu'à exprimer, nous devons accepter la loi telle qu'elle nous est présentée. » (1).

De son côté, la Chambre des Pairs, saisie du projet de loi, voulut l'accepter séance tenante, et sans qu'une commission fût chargée de l'examiner, désirant par là témoigner au roi l'empressement qu'elle mettait à adhérer aux propositions qu'il avait faites. Cette mesure parut contraire aux règlements. Un membre de la Chambre la justifia par ces paroles, d'une vérité élémentaire, mais qu'il est bon de rapporter : « La loi

(1) Procès-verbaux de la Chambre des Députés, séance du 8 janvier 1825.

proposée, dit-il, est une *loi spéciale, unique pour chaque règne,* et dont l'adoption plus ou moins prompte ne peut former un précédent applicable à d'autres lois (1). »

Et le projet fut, en effet, immédiatement adopté, sans rapport préalable, sans Commission et sans discussion.

Ainsi fut rendue, *pour le règne de Charles X*, la loi du 17 janvier 1825, qui n'est elle-même qu'une dérogation à la loi du 8 novembre 1814. D'après cette dernière loi, qu'avait acceptée Charles X, que fussent devenus les biens qu'il voulait voir ajouter à la dotation de la Couronne? Ils eussent été réunis à ceux de l'État. De même qu'elles auraient pu, sur la demande de Charles X, modifier plus complètement cette loi de 1814, les Chambres d'alors réunirent à la dotation de la Couronne les biens dont il s'agit, et consacrèrent ainsi la *dérogation* qui était réclamée par le souverain.

Nouveau contrat, nouveau pacte conclu entre la nation et le roi qui montait sur le trône!

Mais, après la chute de la dynastie régnante, que devint la Charte de 1814, que devinrent les lois de 1814 et de 1825, *acceptées* réciproquement par la nation, par Louis XVIII et par Charles X? Ce qu'étaient devenues la Constitution de 1791 et la loi qui réglait la liste civile de Louis XVI, ce qu'étaient devenus le sénatus-consulte organique du 28 floréal an xii et le sénatus-consulte du 30 janvier 1810, sur la dotation et les biens particuliers de Napoléon!

§ 6. — *Donation du 7 août 1830.*

Le 7 août 1830, quel était donc l'état des lois pour le duc d'Orléans? Ce qu'il était pour Napoléon avant le sénatus-consulte de 1810; ce qu'il était pour Louis XVIII lui-même avant

(1) Procès-verbaux de la Chambre des Pairs, séance du 14 janvier 1825.

la loi du 8 novembre 1814; ce qu'il eût été pour Charles **X** avant la loi du 17 janvier 1825, s'il n'eût pas accepté et la Charte et la liste civile de Louis XVIII. — Il y avait pourtant cette différence, à l'avantage du duc d'Orléans, qu'il n'y avait encore pour lui ni charte ni trône !

Dans cet état de la législation, ce n'est pas seulement le **7** août que Louis-Philippe pouvait disposer de ses biens en faveur de ses enfants, il pouvait encore légalement en disposer en 1831, en 1832, et jusqu'à ce que sa situation fût arrêtée par une loi spéciale. Que devait-on faire à son égard ? Il fallait faire ce qui avait été fait et pour Napoléon, et pour Louis XVIII, et pour Charles X; il fallait régler sa liste civile et sa situation particulière, au moyen d'une loi *spéciale pour son règne*. Cette loi a été rendue, c'est celle du 2 mars 1832 : à l'exemple **du** sénatus-consulte de 1810, elle consacre que le Roi conserve son domaine privé, et qu'il en a librement et légalement disposé par la donation du 7 août.

Mais les adversaires triomphent ! Si la dévolution n'était pas prescrite par la loi, pourquoi, s'écrient-ils, le roi Louis-Philippe a-t-il fait la donation du 7 août?

Pourquoi?

Nous pourrions répondre d'abord qu'il a fait cette donation précisément parce qu'il a pensé qu'elle ne lui était interdite par aucune des lois du pays, et nous trouverions de l'écho en France en plaçant ainsi la question sous l'égide de la loyauté du Roi.

Mais il a fait cette donation, parce que c'était avant de monter sur le trône qu'il convenait de régler ce pacte de famille; il a fait cette donation, parce qu'il voulait à l'avance manifester sa volonté sur la question du domaine privé, **qui** devait être livrée plus tard à l'examen des Chambres législatives, comme cela s'était fait sous les autres gouvernements. Il pensait, comme avait pensé Napoléon lui-même, qu'il **ne** serait pas sans inconvénient d'abandonner la question « à l'incertitude des interprétations »; il pensait que le mauvais vouloir peut se glisser au sein d'Assemblées délibérantes, et il réglait ainsi le sort de sa famille dans la plénitude de son droit. Et voyez comme la précaution était superflue! C'est après cette manifestation de sa volonté, c'est après cet acte du droit privé, c'est après une loi spéciale de son règne, votée librement par les pouvoirs réguliers de l'époque, c'est après les lois mêmes de la révolution qui l'a renversé, c'est après la reconnaissance la plus formelle résultant des actes du gouvernement du Président actuel lui-même, c'est après tant et de si inutiles consécrations du principe qui légitimait sa conduite et ses vues, que l'on vient, dans un pays qui a au cœur le sentiment du respect de la propriété, et qui, par ses représentants légaux, s'est prononcé sur cette libre disposition de l'un de ses rois, que l'on vient, disons-nous, éteignant toutes les lumières du droit et de la raison, parler d'illégalité et de fraude!

Et au nom de quelles lois, grand Dieu! les défenseurs du décret veulent-ils flétrir ainsi la mémoire du roi? au nom des édits de Henri IV, *abolis* avec la féodalité; au nom des lois de 1790 et de 1791, ensevelies sous la Constitution de cette époque, de l'aveu même de ceux qui les ont écrites, de ces lois *proposées* alors par la nation et *acceptées*, à titre de pacte et de convention, par Louis XVI; au nom de la loi de 1814, *proposée* également par la nation et *acceptée*, formellement acceptée par Louis XVIII, après un débat contradictoire, après ces stipulations où l'État prenait 30 millions à sa charge!

Dans cette évocation du passé, on n'oublie qu'une chose, celle-là seule qui aujourd'hui devrait fixer les regards : le sénatus-consulte de 1810! Il est vrai qu'il défend, qu'il justifie et qu'il venge la donation du 7 août; il est vrai qu'il condamne et détruit par la base le décret du 22 janvier. Mais il est l'œuvre de Napoléon, du conseil d'État et du Sénat; c'était une grande loi à méditer, un bel exemple à suivre. Nous le rappelons aux défenseurs du décret du 22 janvier, et leur portons, en terminant, le défi d'emprunter à l'Empire une ligne, une phrase, un mot, qui ne soit la condamnation de la thèse qu'ils soutiennent, et que nous combattons avec la conviction qu'en cela nous soutenons encore moins les intérêts de la famille d'Orléans que la cause bien entendue de la propriété en France.

Résumons nous :

Le décret du 22 janvier a voulu briser la donation du 7 août 1830, parce que, dit le préambule, les biens qui la composent devaient être réunis au domaine de l'Etat, en vertu 1° des lois de l'ancienne monarchie; 2° des lois de 1790; 3° des lois du 8 novembre 1814 et du 17 janvier 1825.

Or, nous avons démontré, par des preuves nombreuses, officielles et décisives :

Que les lois de l'ancienne monarchie sur la dévolution ont été abolies par l'Assemblée Constituante avec la féodalité;

Qu'à partir de ce jour, et avec l'institution des listes civiles, la dévolution n'a pu résider que dans une clause des Constitutions ou des lois spéciales à chaque règne;

Qu'elle a dû être consacrée par une disposition formelle, même pour le règne de Louis XVI, tout en recevant alors la plus grave atteinte, par la création de la liste civile, mais que, stipulée pour Louis XVI par la Constitution de 1791 (ou, suivant le décret, par les lois de 1790), elle n'a pas survécu à la Constitution elle-même;

Que sous l'Empire, le conseil d'Etat, posant nettement les principes de la matière, a proclamé que la dévolution ne remonte pas au-delà des Constitutions de chaque Gouvernement, et l'a rejetée pour Napoléon et sa dynastie;

Que l'on a dû la consacrer de nouveau, par un texte formel, pour les règnes de Louis XVIII et de Charles X, et que ni l'un ni l'autre de ces monarques n'avait été soumis de plein droit à la dévolution qu'on voudrait infliger au Roi Louis-Philippe ;

Que ces lois ont ce caractère particulier, qu'elles sont le résultat d'une convention débattue et arrêtée entre la nation et les souverains dont elles réglaient la situation financière vis-à-vis de l'Etat ; qu'ainsi, les lois de 1790 et 1791 ont été spécialement *acceptées* par Louis XVI, celle de 1814 par Louis XVIII, celle de 1825 par Charles X ;

Que ces lois n'ont été votées que pour la durée du règne auquel elles s'appliquent, et qu'aucune d'elles n'était en vigueur le 7 août 1830 ;

Que soumettre à ces lois spéciales et personnelles le Roi Louis-Philippe, autant vaudrait lui imposer les engagements de Louis XVI, de Louis XVIII et de Charles X ; autant vaudrait, par un décret, obliger les citoyens à exécuter les conventions les uns des autres ;

Enfin, que la seule loi qui puisse être opposée au Roi Louis-Philippe était la loi de son règne, à la date du 2 mars 1832, qui a fait pour lui ce que d'autres lois avaient fait pour ses devanciers, en réglant sa liste civile et son domaine particulier, et en ratifiant la donation par lui faite le 7 août.

Tout cela étant démontré,

Le décret du 22 janvier est donc sans fondement, sans raison et sans cause. Dans cet état, peut-il avoir un effet ?

Le chef de l'Etat aurait-il approuvé ce décret, si sa religion n'avait pas été trompée par l'exposé légalement faux qui le précède ?

Non, a déjà répondu et répondra de nouveau avec nous la conscience publique.

Jules LE BERQUIER.
Avocat à la cour d'appel.

Paris, le 10 avril 1852.

<hr>

Imprimé par Henri et Charles NOBLET, rue Saint-Dominique, 56.

www.ingramcontent.com/pod-product-compliance
Ingram Content Group UK Ltd.
Pitfield, Milton Keynes, MK11 3LW, UK
UKHW021649090726
13657UKWH00004B/1859